Serpent

L'alphabet français et anglais
The French and English Alphabet

Écrit et illustré par Beverly Pearl
Written and illustrated by Beverly Pearl
Police Serpent conçue par Beverly Pearl
Serpent font designed by Beverly Pearl

Production :   H&S Le Temps H&S Times
http://www.tempshstimes.com/

ISBN : 978-1-927974-37-7

Table des matières / Table of Contents

Juste pour le plaisir, les lettres sur la dernière page sont formées à l'aide de serpents. Si vous suivez le chemin de chaque serpent, vous formerez la lettre correctement.

Just for fun, the letters on the last page are formed using snakes. If you follow the path of each snake, you will form the letter properly.

Vous pouvez télécharger cette police et d'autres polices gratuitement sur :
https://github.com/BeverlyPearl/SerpentFont/archive/refs/heads/main.zip
ou ... https://fontlibrary.org/

You can download this and other fonts for free from:
https://github.com/BeverlyPearl/SerpentFont/archive/refs/heads/main.zip
or ... https://fontlibrary.org/

Dans la mesure du possible, ce livre utilise des mots semblables en francais et en anglais.

This book uses words that are similar in French and English, where possible.

tâche
task

à l'école
to school

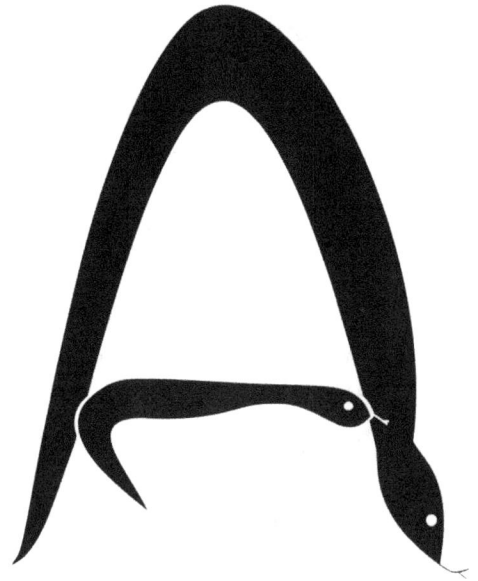

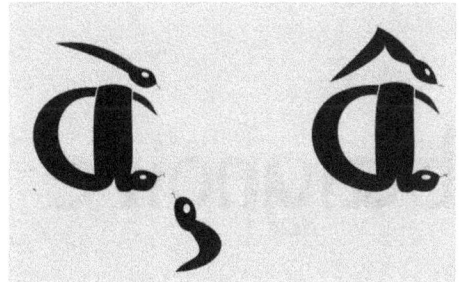

affection

B

b

baignoire
bath

cabane

cabin

danser
dance

Noël
Christmas

être
to be

éclair

règlement
rule

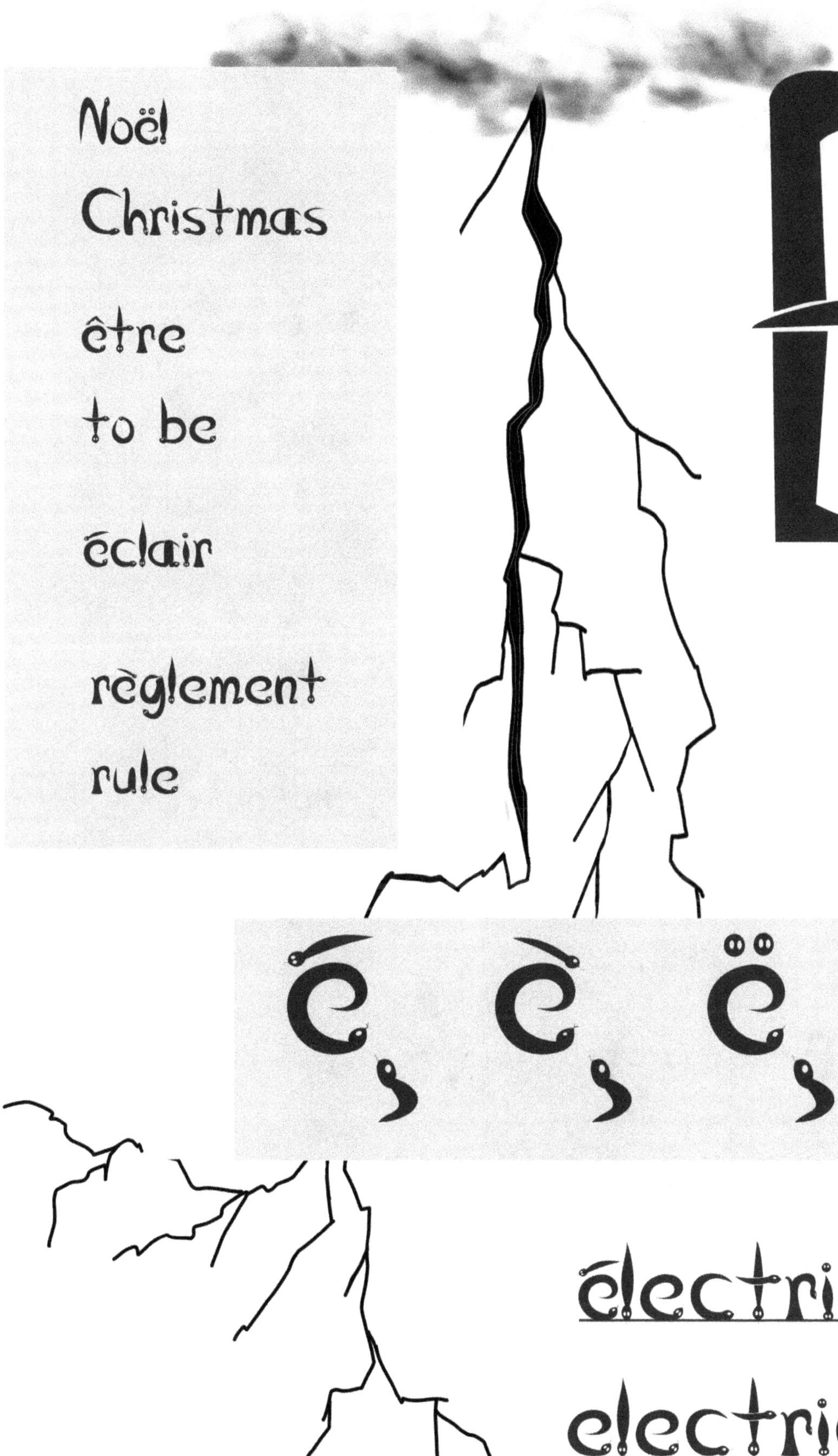

E e

é è ë ê

électricité

electricity

F f

fleur
flower

g

garage

hôtel
hotel

coïncidence
coïncidence

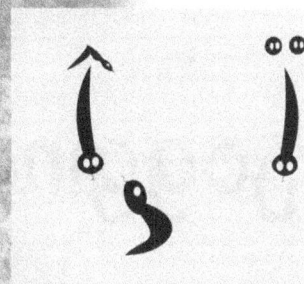

île
island

9

ل ﻟ

ﻟ

jogging

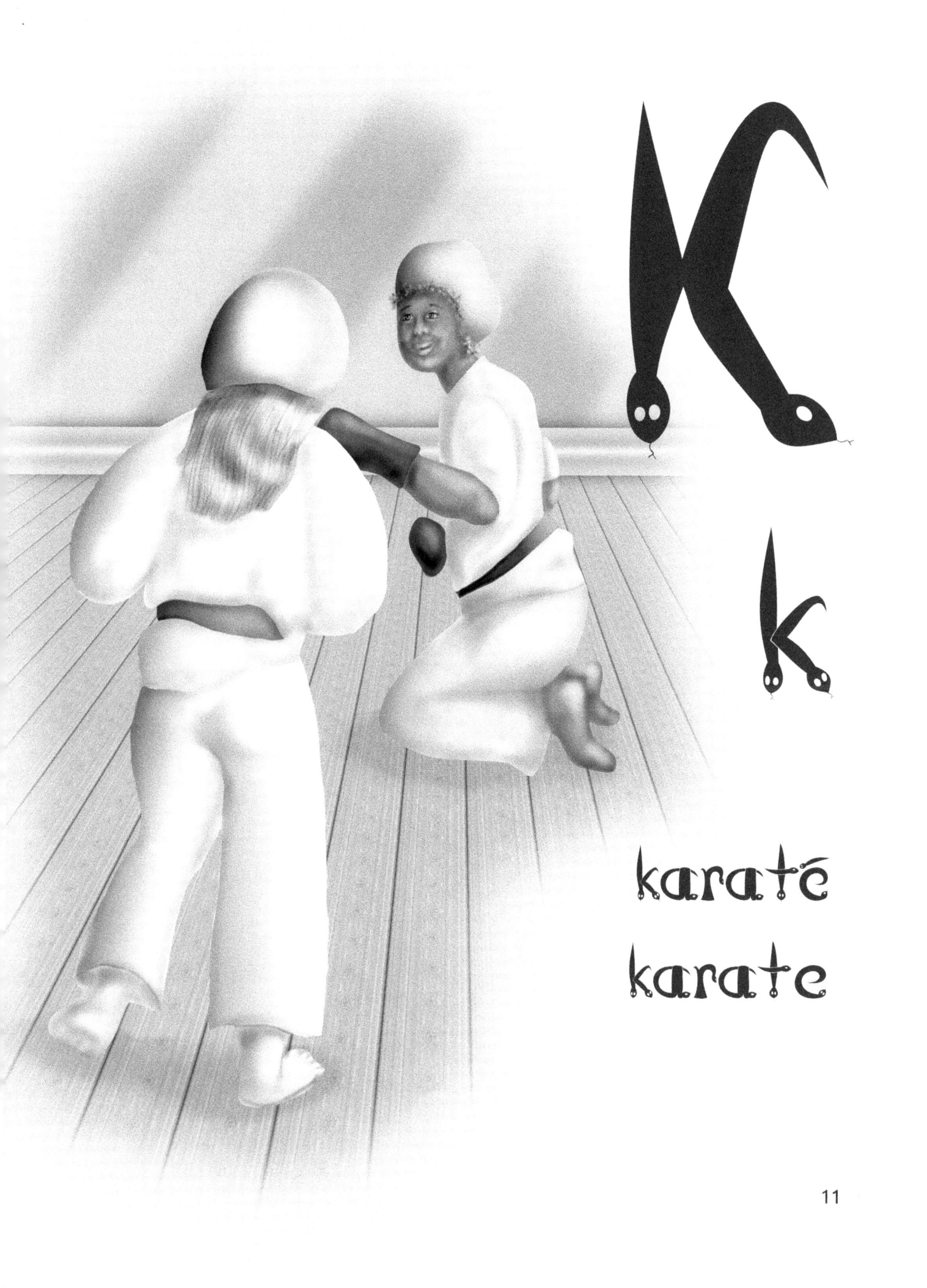

K
k

karaté
karate

laboratoire

laboratory

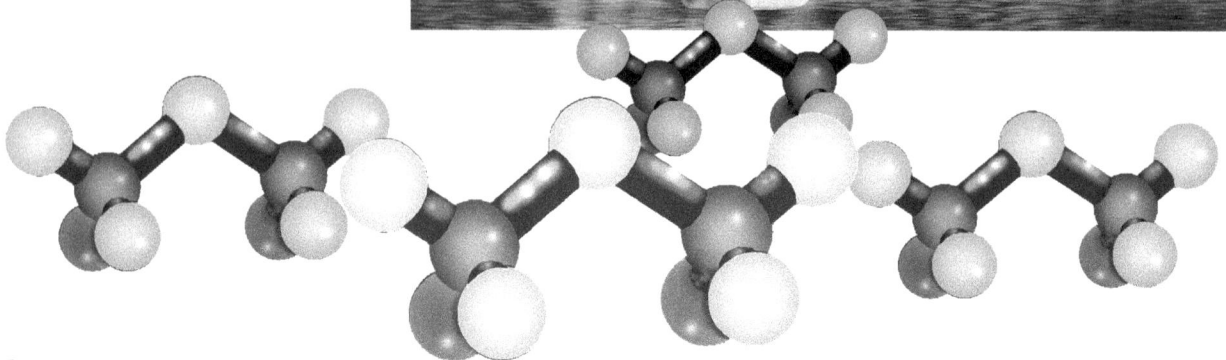

M
m

mélodie

melody

N n

nombre

number

soeur

sister

hôpital

hospital

zoologie

zoölogy

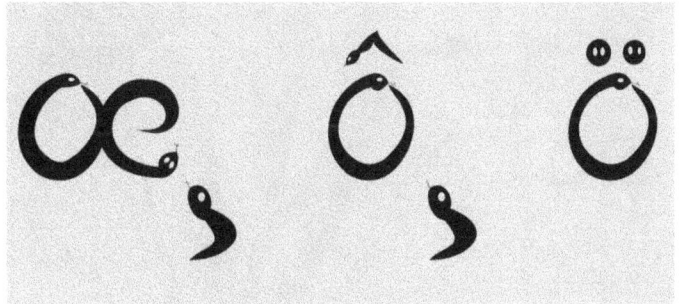

orange

pot

16

question

R r

rose

S s

serpent

Serpents

table

douleur aigüe

acute pain

mûr

ripe

uniforme

uniform

vacance

vacation

W

w

Walkman

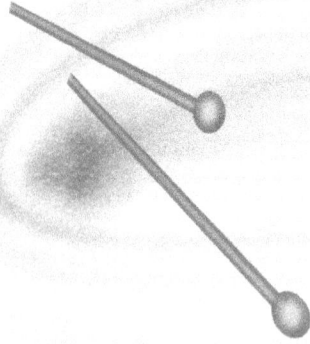

xylophone

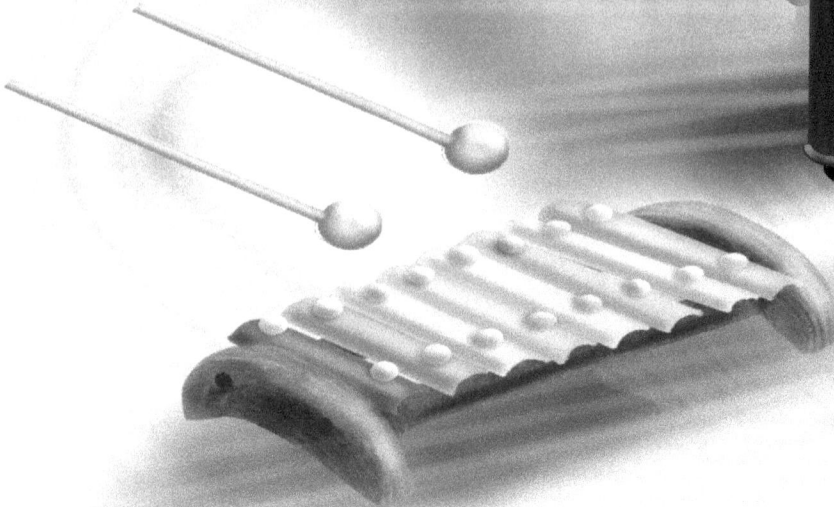

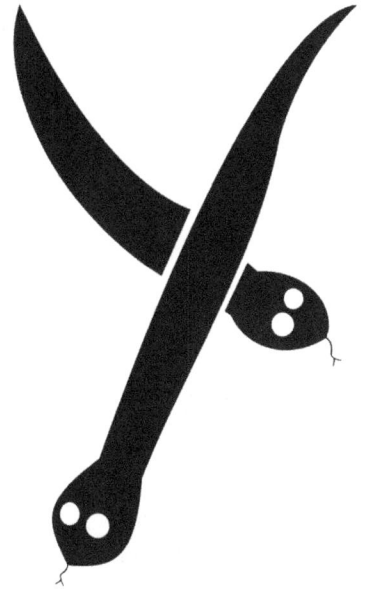

yogourt

zoo

Les accents / Accent Marks

ç – la cédille / the cedilla

é – l'accent aigu / the acute accent

â/ê/î/ô/û – l'accent circonflexe / the circumflex

à/è/ – l'accent grave / the grave accent

ë/ï/ü – l'accent tréma / the trema

Pour savoir comment les accents modifient la prononciation, consultez les liens suivants :
To learn how to pronounce letters with their accents, check out the links below:

Prof, Pierre, "Les Accents en Français", Français avec Pierre, mai 6th, 2018, Extrait de :
https://www.francaisavecpierre.com/les-accents-en-francais/

Polyglot Club, "French Pronunciation: Accents", Polyglot Club WIKI, 31 October 2021, Extracted
from: https://polyglotclub.com/wiki/Language/French/Pronunciation/Accents

---

Liens vers des explications pour les accents :
Links to explanations for accent marks:

Pour plus de détails sur les accents, consultez les liens ci-dessous :
For further details explaining accents, check out the following links:

"Les règles d'accentuation", Extrait de :
https://lebaobabbleu.files.wordpress.com/2012/06/les-accents.pdffrench

Julian, George, "Accent Marks, The Ultimate Guide", https://www.fluentin3months.com, Retrieved
from: https://www.fluentin3months.com/french-accent-marks/

Liens pour la postérité / Links for posterity

Si l'un de ces liens ne fonctionne pas une copie enregistrée peut être récupérée à partir de la
Wayback Machine d'Internet Archive à l'adresse :
https://archive.org/details/@beverly-pearl

If any of these links are dead, a saved copy can be retrieved from the Internet Archive's Wayback
Machine at: https://archive.org/details/@beverly-pearl

Aaàâ Bb
CcCç Dd
Eeeëê Ff Gg
Hh Iiïî Jj Kk Ll
Mm Nn Oo Pp
Oǫ Rr Ss Tt
Uu Vv Ww Xx
Yy Zz